AF224548

Ol
933

Conserv. cette Couv.

GRENADE

PAR

M. ERNEST BRETON

Lu à la Séance publique de la Société des Études historiques
le Dimanche 2 Mai 1875

PARIS

IMPRIMERIE TYPOGRAPHIQUE DE A. POUGIN
13, QUAI VOLTAIRE, 13

1875

GRENADE

PAR

M. ERNEST BRETON

Lu à la Séance publique de la Société des Études historiques
le Dimanche 2 Mai 1875.

Mesdames et Messieurs,

Il y a deux ans vous avez bien voulu paraître écouter avec quelque
intérêt la description de l'Alhambra, la merveille de Grenade et de
l'Espagne; permettez-moi aujourd'hui de vous faire connaître Grenade elle-même où nous trouverons encore plus d'un monument,
plus d'un souvenir.

Peu de villes ont été aussi vantées que celle-ci et pour elle-même
et pour son climat; il y a longtemps qu'on a dit :

> A quien Dios le quiso bien
> En Granada le dió de comer.

« A celui que Dieu aima, il donna de vivre à Grenade. »

Les écrivains arabes appellent Grenade *Shann el Andaluz*, le
chef-d'œuvre de l'Andalousie; les écrivains espagnols la nomment
la célèbre, la fameuse, la grande, la très renommée, etc.; les rois
catholiques lui donnèrent officiellement les titres de *grande* et *ho-
norable*.

Grenade, au temps de sa prospérité, renferma jusqu'à 400,000
âmes; ce nombre a considérablement diminué, surtout depuis l'ex-
pulsion définitive des Mores qui, en 1609, a porté un coup si fatal
à son commerce et à son industrie. Aujourd'hui Grenade ne compte

1

pas plus de 80,000 habitants, bien qu'elle soit le chef-lieu d'une province et d'une capitainerie générale et le siége d'un archevêché et d'une audience territoriale.

Rien de plus incertain que l'origine de cette ville; on ne peut accepter la fable de sa fondation par Liberia, petite-nièce d'Hercule et quatrième arrière-petite-fille de Noé; elle n'est guère plus probable l'opinion qui fait de Grenade une colonie de Phéniciens qui se serait établie sur la colline occupée par les *Torres bermejas*, les tours vermeilles. Ce qui est positif, c'est que la capitale de la contrée fut longtemps la ville d'*Illiberis* ou *Elvira* située au pied de la *Sierra de Elvira*, et que sous les Arabes seulement Grenade devint une ville importante. Grenade resta jusqu'au commencement du onzième siècle sous la domination de gouverneurs nommés par les khalifes de Cordoue. Après la chute des Ommiades, un de ces chefs éleva à Grenade d'importantes constructions et son neveu y fixa sa résidence principale. Vers le milieu du onzième siècle, un prince nommé Badis fut détrôné par les Almoravides, dynastie venue d'Afrique, qui, à son tour, au commencement du douzième siècle, fut chassée par une autre horde africaine, les Almohades.

Après la destruction du khalifat de Cordoue, le royaume de Grenade fut fondé en 1232 par Muhamad Ier Aben-Alhamar, et c'est du règne de ce prince que date réellement la prospérité de la ville qu'il embellit de nombreux monuments et où il fonda l'Alhambra. Sous ses successeurs cette prospérité ne fit que s'accroître et la puissance de Grenade était arrivée à son apogée sous Yousouf Ier Abou el Hadjaj (1333-1354). La décadence commença sous les règnes de Yousouf III, qui perdit en 1416 la ville d'Antequera, et de Mulei Muhamad VIII el Haysari qui fut détrôné en 1428, sous celui de Muhamad IX el Zaguir qui fut ensanglanté par les querelles des Abencerrages et des Zegris qui aboutirent au fameux massacre dont l'Alhambra fut le théâtre sous le dernier roi Muhamad XI ou Boabdil. On sait que Boabdil, surnommé *el rey chico*, le petit roi, fut celui qui dut remettre les clés de Grenade à Ferdinand et Isabelle après le siége célèbre qui dura du mois d'avril 1491 au 2 janvier 1492.

Nulle part je n'ai pu trouver une chronologie complète et concordante des rois de Grenade; les dates sont parfois différentes et les noms surtout sont écrits de dix manières dans les divers historiens ; j'ai essayé de reconstruire cette chronologie de toutes pièces sans pouvoir encore en garantir la parfaite exactitude :

1232. Muhamad Ier Aben Alhamar.
1273. Muhamad II el Fakih..
1302. Muhamad III l'Aveugle.
1309. Muhamad IV el Nasr.
1314. Ismayl Abou el Walid ibn Nasr.
1325. Muhamad V Alghani-Billah.
1333. Yousouf Ier Abou el Hadjadj.
1354. Muhamad VI le Vieux.
1360. Ismayl, usurpateur.
1361. Abou-Saïd, usurpateur.
1362. Muhamad VI, rétabli.
1391. Abou-Abdallah Yousouf II.
1396. Muhamad VII.
1408. Yousouf III.
1425. Muley Muhamad VIII el Haysari (le gaucher), détrôné.
1427. Muhamad IX al Zaguir (le cadet).
1429. Muhamad VIII, rétabli.
1431. Yousouf IV Aben-Alhamar.
1432. Muhamad VIII, rétabli une 2e fois.
1445. Muhamad IX Aben-Ozmin.
1454. Muhamad X Aben Ismayl.
1466. Mulei Aboul-Hacen.
1484. Abdallah el Zagal (le jeune) et Muhamad XI Abou-Abdallah el Zaguir (Boabdil).
1486. Boabdil seul, détrôné en 1492 par les rois catholiques.

Grenade est située à 440 kilomètres de Madrid, au confluent du Darro qui la traverse, et sur la rive du Génil où il va se jeter au sud, à l'extrémité de la fertile plaine nommée la *Vega di Granada*. Grenade proprement dite est bâtie à l'ouest en terrain plat, mais s'étend sur trois collines, celles de l'Albaion au nord-est, de l'Alhambra à l'est et d'Antequerela, la moins haute des trois, au sud-est. Les rues sont en général étroites et tortueuses, et, faute d'un plan moderne que j'ai vainement cherché, j'eusse eu peine à m'y reconnaître si pendant les premiers jours je ne me fusse fait accompagner par un vieux *cicerone* fort intelligent, recommandé par l'auteur de l'excellent Guide d'Espagne, Germond de Lavigne, qui à son occasion a commis une erreur bien amusante. Il écrivait son nom, Manuel Ferris par un s. *Con Zeta*, avec un z, dit Manuel; et Lavigne imprime en toutes lettres dans son livre : Manuel Ferris *Conceta*.

La plupart des maisons historiques sont signalées par des plaques commémoratives. Sur la façade du nᵒ 10 de la *calle de Santa-Paola* on lit : *Aqui vivio y murio el ilustre pintor, escaltor y arquitecto granadino Alonso Cano. La comision de monumentos historicos y artisticos de la provincia di Granada le consagra esta memoria 5 de octubre de* 1867. « Là habita et mourut l'illustre peintre, sculpteur et architecte grenadin Alonso Cano (1601-1665). La commission des monuments historiques et artistiques de la province de Grenade lui consacra ce souvenir le 5 octobre 1867. » Dans la *calle S. Isidro*, nᵒ 7, est la maison natale du général don Mariano Olivarez de Castro, qui commandait à Gerone pendant le siége de 1809, et dans la *calle de las Arandas* nᵒ 6, celle du général don Andrez Perez de Sterrasti y Pulgar, défenseur en 1811 de Ciudade Rodrigo.

Deux de ces inscriptions commémoratives ont pour nous un intérêt tout spécial ; l'une d'elles nous signale dans la *calle de las Tablas* nᵒ 9, le berceau de l'un des plus grands écrivains et hommes politiques de l'Espagne, né en 1777, don Francisco Martinez de la Rosa, que notre Société a eu l'honneur de compter parmi ses présidents en 1843 et 1847 ; l'autre, gravée sur la façade d'une maison d'apparence assez modeste, au nᵒ 14 de la *calle de la Gracia*, nom prédestiné, est ainsi conçue : *En esta casa nacio la illustra senora dona Eugenia Guzman y Portocarrero actual emperatriz de las Franceses.* « Dans cette maison naquit l'illustre dame dona Eugénie de Guzman et Portocarrero présentement impératrice des Français. »

La *Virarrambla* ou *Bibarrambla*, car en espagnol le V et le B s'emploient souvent l'un pour l'autre, est la place la plus connue de Grenade et elle est célébrée dans les poésies moresques et les *romanceros. Bib-ar-rambla* signifie en arabe *porte du sable*, parce que cet endroit était autrefois couvert de sable déposé par les inondations du Darro. C'était au temps des Mores le principal lieu de réunion ; c'était là qu'avaient lieu les joutes des chevaliers grenadins, les courses de chevaux et de bagues ; c'était aussi le champ de bataille des partis qui souvent se partageaient la ville à l'époque de la décadence du royaume ; c'est là enfin qu'eut lieu le trop fameux auto-da-fé de livres arabes ordonné par le cardinal Ximénès, et que plus d'une fois aussi l'Inquisition ne brûla pas que des livres. Aujourd'hui il ne reste plus rien des palais moresques qui entouraient la place qui même a dû récemment, suivant l'absurde manie révolutionnaire, changer son nom historique contre celui de *Plaza de la Constitucion*. Cette place rectangulaire a cent vingt-un mètres vingt centimètres de longueur sur soixante-onze mètres cinquante centimètres de largeur. A l'un des angles est le marché aux poissons, la *pescaderia*. Au côté occidental est l'édifice appelé *las Miradores*, ancien palais de la fin du seizième siècle, orné de deux ordres de demi-colonnes ioniques et composites. Au premier étage règne un balcon de toute largeur où les autorités et les seigneurs se plaçaient pour assister aux tournois et aux *autos de fé*. Chaque fenêtre du second étage a son balcon particulier.

Près des *Miradores* et également sur la Vivarrambla, se trouve une ancienne porte arabe communiquant avec la *calle de las Cuchillos* ; elle est nommée *el arco de las Orejas*, l'arc des Oreilles, parce que, disent certains auteurs, au temps des Mores on y clouait les oreilles des criminels d'État. Suivant le baron Ch. Davillier, ce nom aurait une origine beaucoup plus moderne. « La tradition, dit-il, rapporte un événement qui eut lieu près de cette arcade le 25 juillet 1620, jour où l'on célébrait la proclamation de Philippe IV ; une maison voisine surchargée de curieux s'écroula subitement entraînant sous ses décombres plus de deux cents personnes. Or il y avait parmi les victimes un grand nombre de femmes ornées de riches bijoux ; des voleurs profitèrent du désordre pour s'en emparer et comme ils perdaient du temps à enlever les boucles d'oreille, ils trouvèrent plus expéditif de couper les oreilles des femmes. Depuis ce temps cette porte a pris le nom d'*arco* ou *puerta de las Orejas*. »

Une des plus anciennes et la plus connue des rues de Grenade réunit la Vivarrambla à la *plaza Nueva*; elle a conservé son nom moresque de *Zacatin*, signifiant *maison de commerçant*. C'est encore en effet la rue la plus marchande; elle est peu large et assez mal alignée; les boutiques sont obscures et ne sont guère éclairées au fond que par la lampe qui brûle sans cesse devant la madone.

L'*Alcaiceria* située près de la Vivarrambla et du Zacatin était au temps des Mores un bazar composé d'un certain nombre de petites rues; complètement détruit par un incendie le 20 juillet 1843, il a été remplacé dès l'année suivante par un passage de style moresque, dans lequel on a employé ou imité tout ce qui avait pu échapper aux flammes.

Ce passage conduit à la *casa del Carbon*, reste d'un palais construit au onzième siècle par un prince arabe nommé Badis, celui-là même qui peu de temps après fut détrôné par les Almoravides; on croit que c'était une caserne pour la cavalerie du prince. Le nom actuel vient de ce que ce fut longtemps dans cet édifice que les marchands qui amenaient du charbon à Grenade le déposaient en attendant le moment de la vente. Après avoir servi de théâtre, il est aujourd'hui habité par des familles pauvres. La partie la plus remarquable est une grande porte arabe richement ornée, mais très-sale et en très-mauvais état; à son entrée elle a une voûte à *rayons de miel*, mais plus loin, ce n'est plus qu'un plafond plat ancien, soutenu par des poutres en bois sculpté. La cour ou *patio* est presque entièrement modernisée et sans aucun caractère.

J'ai dit que le Zacatin conduisait à la *plaza Nueva*. Cette place fort irrégulière est curieuse en ce sens qu'elle repose sur une voûte longue de cent trente-six mètres vingt cinq centimètres sous laquelle passe le Darro. Avant d'être ainsi encaissé, le Darro à la fonte des neiges tourmentait beaucoup ses rives et causait de fréquents éboulements; de là ce quatrain populaire :

> Darro tiene prometido
> El casarse con Genil
> Y le ha de llevar en dote
> Plaza nueva y Zacatin.

« Le Darro a promis de se marier avec le Genil et il doit apporter en dot la place Neuve et le Zacatin. »

Un travail récent vient de mettre un nouvel obstacle aux débordements du Darro; entre la *plaza Nueva* et celle nommée *Puerta real* on a de même recouvert son cours d'une voûte qui forme la chaussée d'une belle rue neuve, la *calle de los Reyes católicos.*

En face de la *calle de los Gomeles,* qui monte à l'Alhambra, s'élève sur la *plaza Nueva,* le palais de la *Real audiencia* ou tribunal, autrefois la *Chancilleria,* édifice d'une belle architecture bâti sous Philippe II sur les dessins de Martin Diaz Navarro, corrigés, dit-on, par le fameux Herrera; il fut achevé sous la direction d'Alonso Hernandez et sa construction dura trois ans, de 1584 à 1587. Le portail central en marbre a deux ordres, corinthien et composite, chacun de quatre colonnes engagées et accouplées. Au-dessus du second ordre sont les armes d'Espagne en marbre blanc entre deux figures allégoriques de femmes assises, vêtues de marbres de couleur, sculptures qui ne datent que de 1762. L'escalier est la partie la plus remarquable de l'intérieur du palais.

Avant d'arriver à la *plaza Nueva,* le Darro est encaissé dans un ravin profond et étroit entre les collines de l'Albaicin à l'ouest et de l'Alhambra à l'est. Sur la rive droite, seule praticable, se font suite une jolie promenade, *la Carrera del Darro,* et un quai nommé *Calle del Darro.* Sur ce quai on trouve à gauche, en remontant le torrent, un charmant petit palais construit par l'habile architecte et sculpteur Diego de Siloé pour un grand seigneur du nom de Castril; sa frise porte la date de 1539. La façade est couverte de ces sculptures dont on reprochait parfois l'abus à Diego au point de vue de la dépense qu'elles entraînaient, mais dont nous n'avons pas à nous plaindre. Le portail se détachant sur un mur uni de pierres de taille présente au milieu, entre deux colonnes doriques engagées, cannelées et rudentées jusqu'au tiers de leur hauteur, une porte carrée richement encadrée de trophées d'armes et d'une ligne de coquilles saint Jacques. Au-dessus est une sorte d'attique entre deux pilastres et deux candélabres couverts d'arabesques; horizontalement cette partie du portail est partagée par un bandeau; dans le bas sont deux écussons soutenus par quatre sirènes; au-dessus est un fronton rond contenant au tympan un aigle aux ailes éployées et sur lequel s'appuient deux lions. Vient ensuite un étage composé d'une fenêtre également entourée de coquilles entre deux pilastres chargés d'arabesques et deux médaillons de Mars et de Diane vus de face au-dessus de cartels soutenus par des enfants assis. Au niveau de cet étage était en pan coupé, à l'angle de la maison, entre deux pilastres ornés d'arabesques, une fenêtre avec balcon de fer ; sur sa frise on lit en gros caractères : ESPERANDO LA DEL CIELO. Cette fenêtre, aujourd'hui murée, et cette inscription rappellent une triste légende. Le seigneur propriétaire du palais avait été averti par un domestique qu'un jeune homme s'introduisait la nuit par ce balcon à l'aide d'une échelle de corde ; comme tous les maris jaloux, il feignit une absence, se cacha, et quand le jeune homme parut il se précipita sur lui le poignard à la main. — Grâce ! ... — Non, justice ! dit le mari, et il frappa. En tombant, l'infortuné s'écria : *Muero esperando la del cielo*, je meurs attendant celle du ciel. Trop tard il fut reconnu que ce jeune homme de bonne famille, et parti très-sortable, venait, non pour la mère, mais pour la fille. Le meurtrier repentant fit murer la fenêtre et graver sur la frise les derniers mots de sa victime.

A la façade du palais est un tronc au-dessus duquel est peinte cette inscription qui nous apprend que les petites sœurs des pauvres, si utiles à Paris, existent aussi à Grenade : *Hermanitas de los pobres. Bendita sea de Jesus, Maria y Jose la mano caritatiba que deposita en este cepo una limosna para el pobre.* « Petites sœurs des pauvres. Soit bénie de Jésus, Marie et Joseph la main charitable qui déposera dans ce tronc une aumône pour le pauvre. » Ce charmant manoir est en effet occupé aujourd'hui par les Petites sœurs des pauvres établies ici en 1840 par l'abbé Augustin Le Pailleur, ancien vicaire de Saint-Servan, berceau de cette utile congrégation.

Un peu plus loin, remontant le quai du Darro, on voit à droite, au pied de la colline de l'Alhambra, les faibles restes d'une grande arche moresque qui franchissait la rivière et qui sans doute était suivie d'une route montant au palais.

En face, à gauche de la *calle del Darro*, dans l'intérieur d'une maison portant le n° 37 et habitée par de pauvres gens, sont d'anciens bains mores construits, dit la tradition, par Muhammad V, du produit d'un impôt levé sur les Juifs. Le *patio* est entier, mais les bains proprement dits sont en mauvais état et cependant encore intéressants.

De la *carrera del Darro* on monte à la colline qui porte le quartier de l'Albaicin, qui doit son nom à ce qu'il fut bâti par les habitants de Baeza qui se réfugièrent à Grenade après la prise et le saccagement de leur ville par saint Ferdinand en 1227 ; on leur accorda cette colline alors en dehors de la ville et séparée de l'Alhambra par le ravin du Darro, et ils y construisirent un faubourg qui fut nommé *Rabadhual-Bayzin*, dont on a fait plus tard Albaicin. En 1234, sa population fut renforcée par celle d'Ubeda, chassée également par les chrétiens, et ce faubourg arriva à compter plus de 40,000 habitants avec des bains, des palais et de somptueuses mosquées ; aujourd'hui tout a disparu, et l'Albaicin est presque désert. Je suis monté, non sans fatigue, au point culminant de la colline jusqu'à l'église de *Saint-Cristobal* ; elle n'a rien de remarquable par elle même, non plus que les autres églises de ce quartier ; mais devant elle s'étend une esplanade où se trouve encore une citerne arabe et d'où l'on domine le ravin du Darro. De l'autre côté de celui-ci se développe la vue complète de l'Alhambra et du Généralife, derrière lesquels se dresse le sommet étincelant de la *sierra Nevada*, couvert de neiges éternelles. A droite, on plane sur la ville et le panorama a pour fond la *Sierra Téjeira*. Cette vue est encore plus belle que celle que l'on a de la tour de la *Vela*, de l'Alhambra, justement parce que l'Alhambra lui-même en fait le principal ornement.

A l'Albaicin fait suite une autre colline, le *Sacro-Monte* ; la route qui y conduit doit le nom de *cuesta del Chapiz* à une construction arabe nommée la *Aduana de la Seda*, la douane de la soie, ou *casa del Chapiz*. Dans la cour de cette maison, occupée aujourd'hui par un boulanger, on doit remarquer surtout les boiseries des balcons et une jolie porte en stuc. Auprès de cette maison en est une seconde de même style qui en fit partie autrefois et à l'entrée de laquelle est encore le *babuchero*, la petite niche où l'on déposait les babouches en entrant. La cour ou *patio* présente un beau portique soutenu par cinq colonnes de marbre blanc de Macaïl ; au-dessus est un balcon de bois. Devant ces maisons est une terrasse d'où l'œil embrasse le panorama de l'Alhambra.

J'ai gravi en partie le *Sacro-Monte* tout couvert de cactus ; le long du chemin sont creusées dans la montagne des grottes précédées d'une petite enceinte mal close ; ce sont les habitations des *gitanos* ou bohémiens. Les hommes sont généralement forgerons ou maquignons, un peu voleurs aussi ; les femmes disent la bonne aventure et dansent le *zarandeo*. Elles ont ici une réputation de chasteté qu'expliquent surabondamment leur laideur et leur saleté. J'aurais voulu aller jusqu'au couvent et à l'église de *Monte-Sacrado* dont je rencontrais les religieux montés sur de superbes mules, mais j'ai été forcé de rétrograder tant j'étais persécuté par la foule des mendiants gitanos, femmes et enfants, qui me faisaient un cortége sans cesse grossissant.

Indiquons encore dans Grenade quelques autres vestiges du temps des Mores, tels que les deux portes d'*Alcaçaba* et d'*Elvira* qui précèdent la *plaza del Triunfo* où s'élève le cirque, la *plaza de los Toros*; et une grosse tour, reste du château arabe de *Bib-Taubi*, qui se trouve enclavée dans une grande caserne ayant sa façade sur la *carrera del Genil*, promenade qui le soir est le rendez-vous de la société grenadine. J'ai pu y constater un usage essentiellement espagnol, celui qu'ont les femmes et les jeunes filles de marcher seules sans donner le bras aux *caballeros* empressés qui les accompagnent. Autour de la partie centrale réservée aux piétons tournent les équipages presque tous attelés de mules. La musique militaire joue devant la porte de la caserne de *Bib-Taubi;* mais le peuple seul s'arrête à l'écouter ; ce n'est pas *bon genre*.

Avant d'arriver à la Grenade chrétienne, j'ai à parler encore d'un palais moresque dont le nom est presque inséparable de celui de l'Alhambra, le Généralife, non moins célèbre dans les légendes et les *romanceros*. A l'époque de la conquête de Grenade par les rois catholiques, ce palais appartenait à un descendant des rois Mores, Sidi-Aya, qui, embrassant la religion chrétienne, prit le nom de don Pedro de Granata. Depuis lors, par héritages et par alliances, le Généralife a passé successivement aux familles Renchefo, Vambas, Grimaldi-Granata et Campotejar; enfin récemment, à la mort du marquis de Campotejar, aux Pallavicini de Gènes, puis, faute de descendants mâles de ces derniers, à la marquise Durazzo, née Pallavicini, qui le possède aujourd'hui. L'administration de ses biens d'Espagne a pour siége un ancien palais des infants de Grenade appelé la *casa de los Tiros*, à cause des mousquets qui sont représentés à la partie supérieure de sa façade, assez mesquine du reste et sans autres ornements que quelques statues de mauvais goût. L'intérieur n'est guère plus remarquable; cependant le grand salon a pour entrée une porte du temps de Charles-Quint avec bas-reliefs et médaillons et la devise-rébus : *El ♥ manda*, « le cœur commande. » Au plafond, entre les poutres, sont des portraits de rois, dont ceux de Ferdinand et d'Isabelle. Sur les poutres mêmes est répétée plusieurs fois une grande épée dont la lame porte les inscriptions *me fecit* et *el ♥ manda*.

Ce palais n'offrirait rien de bien intéressant comme objet d'art, en dehors d'un calvaire sculpté par Alonso Cano et une *Mater dolorosa* peinte par Moralès *el divino*, si l'on n'y conservait pas une relique inappréciable sous tous les rapports, la magnifique épée de Boabdil, le dernier roi de Grenade. Cette arme si précieuse par le souvenir ne l'est pas moins par la matière et le travail. La lame de Tolède, d'une trempe merveilleuse, a été montée par les plus habiles artistes mores qui y ont épuisé tous les trésors de l'imagination orientale. La longueur totale de l'arme est de un mètre. La poignée et toute la garniture qui couvre presque entièrement le fourreau sont en or rehaussé d'émail et chargées d'inscriptions ; le fourreau lui-même est en cuir brodé, genre de travail dans lequel les Arabes ont excellé de tout temps.

C'est à la *casa de los Tiros* que l'on délivre gratis les permissions de visiter le Généralife. Pour arriver à celui-ci, il faut traverser par l'avenue du milieu le bois de l'Alhambra, et bientôt on est devant la grille du jardin.

Le Généralife est une ancienne maison de plaisance dont le nom arabe *Jennatu-el-Arif*, dont par corruption on a fait Généralife, signifie le *Jardin de l'architecte*. Suivant Viardot, Généralife viendrait de *Djeneh el Arife*, jardin agréable, étymologie qui serait fort acceptable si elle n'était pas contraire à la tradition. On raconte, en effet, qu'un architecte de l'Alhambra avait fait planter le jardin pour lui-même, et qu'un des rois de Grenade, Ismayl Abou-el-Walid, l'acheta et y fit construire un palais en 1320. Le Généralife est situé sur le penchant d'une montagne appelée *Cerro del sol*, percée d'un canal qui amène des eaux empruntées au Darro à plus de 8 kilomètres de distance. Les jardins que ces eaux arrosent sont restés, dit-on, tels qu'ils étaient du temps des Mores ; j'avoue ne pouvoir pas les admirer beaucoup. Rien n'y est laissé à la nature ; ce ne sont partout qu'escaliers, bassins, eaux abondantes, il est vrai, mais courant dans d'étroits canaux de pierre ; les arbres eux-mêmes sont travaillés et des portiques sont formés par des ifs taillés et courbés. Cependant ces jardins renferment quelques beaux arbres et surtout des cyprès magnifiques. Parmi ceux-ci, et engagé dans un mur, est celui désigné sous le nom de *cyprès de la sultane*, parce que ce fut sous son ombrage que la sultane Alfaima, femme de Boabdil, fut, dit-on, surprise en conversation familière avec Abou-Hamet, chef Abencerrage, par un Gomeles qui la dénonça à son époux ; on sait que cette dénonciation amena le massacre dont l'Alhambra fut le théâtre. De plus tristes souvenirs encore que ceux d'un amour malheureux sont rappelés par le Généralife ; là vécut le noble et courageux Riego, qui y écrivit cette ode si énergique que ses soldats appelaient l'*Hymne de Riego*. Le général don Rafaël del Riego, né en 1785, fut pendu à Madrid le 7 novembre 1823 ; c'était lui qui, le 1ᵉʳ janvier 1820, avait levé le premier l'étendard constitutionnel au village de *las Cabezas de San-Juan*, près Cadix.

Parmi les constructions du Généralife, les plus remarquables sont une charmante galerie moresque qui se trouve dans le jardin, et, dans le *casino* même, une jolie salle également moresque ainsi que le portique qui la précède. Le *casino* est surmonté d'un belvédère d'où l'œil plane sur tout l'Alhambra. En tournant le dos à ce palais, on a devant soi le *Cerro del sol* coupé presque à pic ; au sommet de cette montagne est la ruine moresque appelée la *Silla del Moro*, le siége du More ; suivant la tradition, ce fut une mosquée où s'était réfugié Boabdil pendant les émeutes qui suivirent le massacre des Abencerrages.

Les édifices religieux élevés par les chrétiens sont nécessairement peu anciens, puisqu'aucun ne peut être antérieur à la prise de Grenade par les rois catholiques. A l'exception de la cathédrale et de la hartreuse, ils n'offrent en général qu'un médiocre intérêt. Un sou-

Je ne puis mieux faire pourtant que de recommander *S. Geronimo*, grande construction de pierres de taille qui, bien que ne remontant qu'au seizième siècle, se lézarde de tous côtés. La première pierre en fut posée en 1496 et elle fut achevée, sous la direction de Diego de Siloé, par la veuve de Gonsalve de Cordoue, le grand capitaine mort en 1515. Les restes de l'illustre guerrier y avaient été transportés le 4 septembre 1552 sous un monument magnifique, œuvre de Berrugueta et de Becerra ; les révolutionnaires ont détruit le mausolée et violé la dernière demeure du grand capitaine, et c'est à grand'peine qu'on a pu réunir depuis quelques ossements qui, en 1869, ont été emportés à Madrid pour être déposés dans le Panthéon des grands hommes.

L'église de S. Domingo fut fondée en 1492, l'année même de la conquête, dans le quartier d'Antequerala, par le trop célèbre inquisiteur Torquemada, et sa date est indiquée à la façade par les F couronnées de Ferdinand le Catholique.

L'église de la *Virgen de las Angustias* sur la *carrera del Genil* ne date que du dix-septième siècle ; c'est la paroisse à la mode, le *Saint-Thomas d'Aquin* de la noblesse de Grenade, mais ce n'en est pas moins un monument fort insignifiant. On peut en dire autant de *S. Juan de Dios* qui n'offre de remarquable que le beau cloître de son hôpital, et de *S. Salvador*, ancienne église des jésuites, où sont quatre grandes toiles assez bonnes, dues au pinceau d'Atanasio Boccanegra et dont les sujets sont empruntés à l'histoire de saint Ignace.

A environ un kilomètre au nord de Grenade, est l'ancienne chartreuse *la cartuja*, aujourd'hui veuve de ses moines; elle avait été fondée en 1513 par Gonsalve de Cordoue, en accomplissement d'un vœu qu'il avait fait étant en grand danger dans un combat contre les Mores; elle avait subi de grandes modifications au dix-septième siècle et au commencement du dix-huitième. Je ne puis comprendre comment Théophile Gautier, ordinairement si bon juge en matière d'art, a osé qualifier la chartreuse d'*admirable édifice*, quand dans presque toutes ses parties elle est le type du goût le plus détestable, de ce style qu'en Espagne on nomme *chirriguerresque*, du nom de l'architecte *Chirriguerra* qui en fut le déplorable inventeur. Dans l'église, détournons les yeux de ces ornements ridicules qui ne leur laissent pas un point de repos, mais arrêtons-nous devant le maître-autel et admirons, dans une petite niche qui le surmonte, un des chefs-d'œuvre d'Alonso Cano, une statuette en bois de saint Bruno, merveille d'expression ascétique. Derrière le maître-autel est le *sagrario* (le sanctuaire), construit au commencement du dix-huitième siècle par Hurtado Izquierdo, bien digne d'être le contemporain de Chirriguerra; il est enrichi d'une prodigieuse quantité de marbres dont la beauté fait un peu pardonner le mauvais goût avec lequel ils sont employés. La coupole représentant le *Paradis*, les *Évangélistes*, des pendentifs, et deux tableaux ornant les murailles, sont d'Antonio Palomino, qui fut aidé dans ce travail par José Risueno. Aux angles du sanctuaire sont les statues des Évangélistes par José de Maro.

Dans le soubassement du *sagrario* est une espèce d'œil-de-bœuf, dont le carreau resté fêlé fut, dit le gardien de la chartreuse, cassé par Charles-Quint qui s'y cogna la tête en voulant regarder dehors. Cent cinquante ans écoulés entre la mort de l'empereur et la construction de l'église ne sont qu'un détail qui n'empêchera pas la légende d'être répétée jusqu'à la consommation des siècles.... et des sacristains.

La sacristie, grande comme une église, est plus étonnante encore que l'église; les marbres les plus rares y ont été prodigués; le grand retable avec ses deux ordres de colonnes est tout entier en agates et porte une statue de saint Bruno; sur le piédestal de chaque pilastre sont des agates d'une grosseur prodigieuse, dans lesquelles le susdit sacristain veut absolument forcer le voyageur à reconnaître une foule de choses qui, pour la plupart, n'existent que dans son imagination ou qu'il ne voit pas lui-même.

Les pilastres sont couverts d'un inextricable fouillis d'ornements en stuc qui semblent avoir été inventés à la maison des fous, à *la casa de los locos;* en un mot, on a dépensé dans cette sacristie des sommes incalculables pour produire une sorte de monstre architectural qui laisse bien loin en arrière les extravagantes fantaisies de l'Inde, de Ceylan ou du Yucatan. Il y a cependant ici un ameublement que l'on ne peut voir sans plaisir et sans admiration; ce sont des portes et des buffets en merveilleuse marqueterie d'ivoire, écaille, ébène, nacre et argent, qui occupent tous les intervalles des pilastres;

ces chefs-d'œuvre sont dus à Manuel Vasquez, frère lai du couvent, né à Grenade en 1697 et mort en 1765.

Arrivons enfin à la cathédrale, qui fut commencée en 1529 et terminée en 1639; la première messe y avait été célébrée dès le 8 septembre 1583. Elle avait eu pour premier architecte Diego de Siloé, de Tolède, regardé, avec Covarrubias, comme le restaurateur de la bonne architecture en Espagne. Ses successeurs furent Juan de Maeda, Juan de Area, Ambrosio de Vico, Gaspar de la Pena, Alonso Cano, José Granados et Teodoro Ardemans.

La façade de la cathédrale date de la seconde moitié du seizième siècle; elle donne sur une place beaucoup trop étroite nommée *Plaza de las Pasiegas*, place des Nourrices. Elle est percée de trois portes inégales séparées par d'énormes contreforts que des arcs réunissent dans leur partie supérieure. La grande porte centrale est accompagnée des statues de saint Pierre et de saint Paul, la première un peu mutilée. Au-dessus de la porte est un joli bas-relief rond représentant l'*Annonciation*. Les portes latérales sont surmontées de bas-reliefs plus hauts que larges représentant à gauche la *Visitation*, à droite l'*Assomption*. Plusieurs autres statues ornent la façade, et sur les contreforts sont les médaillons des Évangélistes. A gauche s'élève un grand clocher carré à trois étages qui n'a point été achevé; il a 56 mètres de hauteur, mais devait atteindre celle de 80 mètres. Le bas est tout uni; le premier étage a des pilastres ioniques et le second des demi-colonnes corinthiennes. La plus grosse cloche se nomme *la Plegaria*, la Prière; c'est à trois heures, le 2 janvier 1492, que les Mores livrèrent Grenade aux chrétiens et, depuis ce temps, *la Plegaria* sonne chaque jour cette heure, et en récitant trois *pater* et trois *ave*, on gagne une indulgence plénière attachée à cet acte de dévotion par le pape Innocent VIII, à la demande d'Isabelle la Catholique. D'autres indulgences ont fait donner le nom de *Puerta del Pardon* à la porte qui se trouve au bout du transept septentrional de la cathédrale; cette porte, très-riche, est accompagnée de deux colonnes corinthiennes dont les volutes sont remplacées par des figures à mi-corps; sur l'arc sont couchées les statues de la *Foi* et de la *Justice*; aux contreforts sont les armes d'Espagne. Les boiseries de la porte elle-même méritent d'arrêter un moment l'attention.

La belle architecture et la décoration de ce portail sont l'œuvre de Diego de Siloé.

L'édifice entier mesure dans œuvre 120^{m}64 de longueur sur 70^m de largeur. L'intérieur a cinq nefs, sans compter les chapelles qui sont assez profondes. Les nefs, composées de cinq travées jusqu'au transept, sont séparées par vingt énormes piliers à chacun desquels sont adossées quatre demi-colonnes corinthiennes. Chaque travée a sa voûte particulière avec riches nervures. Les nefs collatérales sont un peu plus basses. Le pavage en marbre date de 1775.

Partout sur les murailles de l'église on lit cette inscription : *Nadie se pasee hablé con mugeres, ni esté en corrillos en estas naves pena de excomunion y dos ducs para obras pias.* « Que personne ne se promène, ne parle avec des femmes ni s'arrête à bavarder dans ces nefs, sous peine d'excommunication et de deux ducats pour des œuvres pieuses. »

Suivant l'usage espagnol, le chœur est placé dans la grande nef dont il occupe les quatrième et cinquième travées. Le *trascoro*, c'est-à-dire sa façade postérieure regardant la grande porte, est de style *chirriguerresque* et fut commencé en 1735 sur les dessins de don José de Bada ; il est en marbre rouge incrusté de noir ; les chapiteaux seuls sont de marbre blanc ; sur l'autel est un mauvais groupe de *Santa Maria de las Angustias*, dont la Vierge est habillée en partie d'étoffes de soie. Aux côtés de l'autel sont quatre niches contenant les statues en marbre blanc avec yeux noirs de *S. Cecilio*, et *S. Gregorio el Betico*, évêques de Grenade, de *S. Pedro Pascual*, évêque de Valence, et de Saint-Thomas de Villeneuve. Les côtés du chœur n'ont rien de remarquable ; ils sont garnis de portes et de confessionnaux ; à chacun des angles est une statue de saint. Au côté oriental regardant le sanctuaire, le chœur est, selon l'usage, fermé par une grille. Les stalles, *la sillaria*, sont fort médiocres ; au-dessus d'elles sont douze tableaux, copies sans valeur d'après Herrera le Vieux.

Les deux orgues sont d'une grande richesse, mais du plus mauvais goût. Sous le chœur est un caveau où étaient enterrés les archevêques ; là aussi sont déposés les restes du grand artiste grenadin Alonso Cano, qui fut pendant seize ans chanoine de la cathédrale, et ceux de l'héroïque doña Maria Pineda, victime de la réaction de 1831.

A l'entrée de la *capilla mayor* au sanctuaire, sont deux chaires de même style que le *trascoro* ; fort riches toutes deux, elles offrent dans le bas trois lions fantastiques, et aux piédouches trois petits anges ; à la chaire de droite sont des bustes de docteurs, à celle de gauche des bustes d'évangélistes. Aux piliers du grand arc sont adossées les statues en bois peint de Ferdinand et d'Isabelle agenouillés.

La *capilla mayor* occupe au-delà du transept la largeur de trois des cinq nefs ; elle est entourée de vingt colonnes corinthiennes divisées en deux ordres. Au bas sont les statues colossales des douze apôtres ; le second ordre, accompagné de peintures de Bocanegra et d'autres élèves d'Alonso Cano, supporte un riche entablement couvert de guirlandes et de têtes de chérubins. Dans les arcs sont six grandes peintures d'Alonso Cano, tirées de l'histoire de la Vierge ; au-dessus enfin s'ouvrent de belles fenêtres dont les vitraux représentent la Passion, et de la frise qui les couronne s'élancent dix arcs qui forment la voûte de la chapelle ; la clé de cette voûte est à 45 mètres au-dessus du sol. Au centre de la *capilla mayor* est le maître-autel formé de marbre blanc et de jaspe, surmonté d'un tabernacle de bois peint, modèle de celui qui devait être exécuté en marbre. Deux autels latéraux sont ornés de colonnes corinthiennes et de quatre grandes compositions de Bocanegra et de Juan de Sevilla, représentant *Jésus à la colonne*, *l'Apparition de la Vierge à S. Bernard*, *le Martyre de S. Cecilia* et *S. Basile donnant la règle à S. Benoît*.

En commençant le tour de la cathédrale, la première chapelle que l'on trouve à droite est celle de Saint-Michel, ayant au retable un grand bas-relief représentant le *saint vainqueur du démon* ; à gauche est le tombeau de l'archevêque Juan Manuel Moscoso y Peralta, qui occupa au dix-septième siècle le siège de Grenade. Dans la seconde travée est la porte du *sagrario* dont je parlerai plus loin. La seconde chapelle est celle de la Trinité ; dans le haut de son retable est une peinture peu digne d'Alonso Cano, *le Christ mort soutenu par le Père éternel* ; sur le mur de gauche de la chapelle, mais placée trop

haut, est une jolie *Sainte-Famille* de cet élève d'Alonso Cano dont j'ai souvent parlé, Pedro Atanasio Bocanegra, né à Grenade vers 1620, mort vers 1688. La chapelle suivante est dédiée à *Jesu Nasareno*; au retable sont plusieurs peintures, un beau *Saint Jérôme* de Ribera, et au-dessus un *Portement de croix* d'Alonso Cano.

Au fond du transept méridional est la riche porte de style ogival fleuri par laquelle on entre dans la *capilla real*. Contre cette porte est un tronc au-dessus duquel on lit cette inscription : *En este cepo se han de echar las comutaciones de votos y juramentos votibos que se hacen en virtud de la Santa Cruzada.* « On doit jeter dans ce tronc les changements de vœux et serments votifs qui se font en vertu (*de la bulle*) de la Sainte Croisade. »

La *capilla real* qui ouvre aussi à l'ouest sur le *sagrario* fut fondée par les rois catholiques qui la destinaient à recevoir leurs dépouilles mortelles. Commencée en 1502, deux ans avant la mort d'Isabelle, elle ne fut terminée qu'en 1517, un an après celle de Ferdinand; en attendant cet achèvement, les corps des deux princes restèrent déposés à *S. Francisco* de l'Alhambra.

La chapelle, longue de 49 mètres 86 centimètres, large de 21 mètres 73 centimètres et haute de 20 mètres 89 centimètres, n'a qu'une seule nef ogivale avec transept; son pavé est en marbre blanc de Macaïl. Au sud, en face de la porte donnant dans la cathédrale, est une chapelle avec un grand retable contenant trois peintures dans le genre flamand de l'époque; au milieu est une *Descente de croix*, à droite un *Crucifiement*, à gauche *Jésus sortant de son tombeau.* Il y a en outre quatre médaillons moins bons paraissant d'une autre main, *le Baiser de Judas, Jésus au jardin des Oliviers, le Christ ressuscité apparaissant aux apôtres* et *l'Ascension.* Cette dernière peinture est moins ancienne que les trois autres. Cette chapelle latérale est fermée par une belle grille aux armes des rois catholiques.

En bas de la nef de la *capilla real,* au-dessus de la porte du *sagrario* est une large voûte plate très-ornée portant un grand chœur et un orgue.

Autour de la chapelle on lit cette inscription en beaux caractères gothiques : *Esta capilla mandaron edificar los muy catolicos D.*

Fernando y D. Isabel, Rey è Reyna de las Españas, de Napoles, Sicilia, Jerusalem, estos conquistaron este reino de Granada y lo reduyeron a nuestra fé y edificaron y dotaron las iglesias y hospitales de él, y ganaron las islas de Canaria y las Indias é las ciudades de Oran, Tripol é Bugia y destruyeron la eregia y echaron los Moros y Judios de estos reinos, y reformaron las religiones. Fino la Reyna martes veintiseis de noviembre, año de mil quinientos y cuatro; fino el Rey miercoles veintitres de enero, año de mil é quinientos diez y seis. Acabada esta obra año de mil y quinientos y diez y siete años.

« Les très-catholiques don Fernand et doña Isabelle, roi et reine des Espagnes, de Naples, de Sicile et de Jérusalem, ordonnèrent de construire cette chapelle ; ils conquirent ce royaume de Grenade et le ramenèrent à notre foi ; ils construisirent et dotèrent ses églises, ses monastères et ses hôpitaux, gagnèrent les îles Canaries, les Indes et les villes d'Oran, Tripoli et Bougie, détruisirent l'hérésie, chassèrent les Mores et les Juifs de ces royaumes et réformèrent les ordres religieux. La reine mourut le mardi 26 novembre de l'an 1504 ; le roi mourut le mercredi 23 janvier 1516. Cette chapelle a été terminée en l'an 1517. »

La *Reja*, magnifique grille renaissance aux armes des rois catholiques, qui sépare la nef du transept, est en fer ciselé rehaussé d'or et signée : *Maestro Bartolome*, 1522 ; elle est réputée la plus belle de l'Espagne où cependant on en voit tant d'admirables ; elle est surmontée de figures plates et comme découpées représentant le *Baptème de Jésus-Christ*, la *Décapitation de saint Jean-Baptiste* par un bourreau en justaucorps à crevés, le *Christ au jardin des Oliviers*, l'*Arrestation de Jésus-Christ*, le *Couronnement d'épines*, la *Flagellation*, la *Descente de Croix*, la *Résurrection de Jésus-Christ*, et enfin le *Martyre de saint Jean évangéliste*, bouilli dans une chaudière. Au sommet de la grille est le *Christ sur la croix, entre la Vierge et saint Jean*. C'est dans le transept, entre la grille et l'autel, que se trouvent, entourés d'une grille commune, les deux mausolées de Ferdinand et Isabelle et de Philippe le Beau et Jeanne la Folle, exécutés par ordre de Charles-Quint par des artistes dont le nom est malheureusement resté inconnu.

Le tombeau des rois catholiques, placé à droite, est en marbre de Carrare ; sur une plinthe de marbre noir repose un magnifique soubassement de trois mètres quatre-vingt-treize centimètres de long sur trois mètres trente-deux centimètres de large et un mètre soixante-sept centimètres de hauteur, orné de fleurons, de feuillages et des statues en demi-relief des *Apôtres*. Aux quatre milieux des faces sont des médaillons représentant *saint Georges, saint Jacques, le Baptême* et *la Résurrection de Jésus-Christ*. Aux quatre angles sont des sphinx à têtes d'aigle et griffes de lion, et au-dessus d'eux quatre belles statuettes assises de *docteurs de l'Église*, les uns écrivant, les autres méditant. Sur le soubassement sont couchées les statues de Ferdinand et d'Isabelle exécutées avec un grand art, étendues sur de riches tapis, la tête sur des oreillers, les pieds sur des lions. Ferdinand est couvert de son armure, le manteau royal sur les épaules, la couronne au front et l'épée dans les mains ; Isabelle est également couronnée, vêtue de ses habits de cour et tenant le sceptre ; à elle la pensée et le commandement symbolisés par le sceptre, à Ferdinand l'exécution représentée par l'épée sur le haut du soubassement. Aux pieds des princes est une tablette soutenue par deux petits anges ; on y lit cette inscription : *Mahometice secte prostratores et heretice pervicacie extinctores Ferdinandus Aragonum et Helisabetha Castille vir et uxor unanimes catholici appellati marmoreo clauduntur hoc tumulo.*

Isabelle mourut en 1504 à Medina del Campo, et Ferdinand en 1516 à Madrilejo ; ils furent transportés ici de *S. Francisco* de l'Alhambra, en 1525.

La disposition du tombeau de Jeanne la Folle et de Philippe le Beau n'est pas tout à fait la même et sa matière est de marbre de Macaël. Le soubassement, long de trois mètres trente-huit centimètres et large de deux mètres quatre-vingt-quinze, est de même couvert de sculptures, mais celles-ci ont moins de relief et sont moins finement exécutées. Aux angles sont des femmes ailées, des espèces de sphinx se terminant par une griffe de lion ; au-dessus sont les statuettes de *saint Michel, saint André, saint Jean-Baptiste* et *saint Jean évangéliste*. Autour du soubassement, sont dans des niches des *saints* et des *saintes* mêlés à des *Vertus* et à des *Nymphes* ; aux quatre milieux, sont des médaillons représentant *la Nativité de Jésus-Christ, l'Adoration des Mages, le Christ au jardin des Oliviers* et la *Descente de croix.* Sur le soubassement pose un riche sarcophage long de un mètre quatre-vingt-quatorze centimètres, large de un mètre trente centimètres, tout couvert de festons, de fleurs et d'arabesques ; c'est sur ce sarcophage que sont couchées les statues des princes, les pieds sur des lions, mais ici les mains jointes dans l'attitude de la prière. Comme au tombeau des rois catholiques, de petits anges soutiennent la tablette où est gravée l'épitaphe. Philippe le Beau mourut en 1506, et Jeanne la Folle seulement en 1555.

Le retable du grand autel de la *capilla real* est en bois sculpté outre diverses figures, il présente quatre bas-reliefs très-curieux, relatifs à la prise de Grenade : 1° *Ferdinand et Isabelle à cheval à la tête de leur armée ;* 2° *le Roi de Grenade faisant sa soumission ;* 3° *la Conversion des Mores ;* 4° *le Baptême des femmes moresques,* représentées voilées comme elles le sont encore en Orient. Le retable a de plus six grands sujets principaux : en bas, au milieu, les *deux saint Jean* et aux côtés leurs *Martyres ;* en haut le *Christ sur la croix,* entre un *Portement de croix* et une *Mise au tombeau ;* le tout peint et en ronde bosse. Ces sculptures sont attribuées à un artiste nommé Vigarni ou Bigarni, dit Philippe de Bourgogne, et à son frère Grégoire.

Sous les deux tombeaux est le caveau sépulcral où l'on descend par une trappe en fer qui se trouve entre les monuments et les marches de l'autel, trappe ordinairement cachée par les nattes qui couvrent le sol. Le caveau carré est pavé de grands carreaux de terre cuite vernissée ; au milieu, sur un soubassement sont posés les cercueils en plomb cerclés de fer de Ferdinand et Isabelle ; sur une banquette à gauche est le cercueil également en plomb de Philippe le Beau et en pendant, à droite, celui de Jeanne ayant près d'elle son jeune fils don Miguel, mort d'une chute de cheval en descendant de l'Alhambra.

A la sacristie de la chapelle royale, on conserve dans une armoire la couronne de vermeil d'Isabelle, l'épée et le sceptre de Ferdinand ; la poignée de l'épée est en or. On montre aussi leur autel portatif, bon petit tableau flamand encadré d'argent, représentant l'*Adoration des Mages*; trois beaux ornements d'église que l'on prétend brodés par Isabelle, ce que nous avons peine à croire, car elle avait autre chose à faire ; un très-beau missel à miniatures qui servit à la première messe célébrée lors de la prise de Grenade[1] ; un coffret à bijoux en vermeil ayant appartenu à Isabelle ; plusieurs étendards espagnols ayant figuré au siège, etc.

Rentrant dans la cathédrale, on trouve à droite la première chapelle du pourtour dédiée à saint Jacques ; elle a un énorme retable doré *chirrigueresque* avec la statue équestre de saint Jacques venant de tuer un More ; il est couvert d'une armure de fer et coiffé d'un grand chapeau ; aux côtés sont les statues de deux évêques, et dans le haut est la Vierge. Retable et statues sont en bois peint et doré. A la travée suivante est la jolie porte renaissance de la sacristie, suivie de celle du collége ecclésiastique ; puis vient la chapelle Sainte-Anne ayant à son retable un groupe assez singulier de sainte Anne tenant sur ses genoux *la Vierge et son enfant*. Sur des autels latéraux de cette chapelle sont deux tableaux médiocres bien que de Bocanegra, *Juan de Mata adorant la Vierge* et *saint Félix de Valois, fondateur des Trinitaires de la Rédemption, voyant la Vierge dans une gloire*. Rien à noter dans la cinquième chapelle. Celle de sainte Cécile qui lui succède a un retable de marbre blanc avec trois statues de Michel Verdiguier, artiste marseillais dont plusieurs œuvres se voient aussi dans la cathédrale de Cordoue ; le groupe de droite est incompréhensible et je n'ai pu y découvrir la tête. Rien dans la septième chapelle. La huitième est consacrée à sainte Thérèse, dont la statue en bois peint figure au retable ; sur des autels latéraux sont deux bons et grands tableaux, *la Conception* et *l'Ange-gardien* par Juan Romero d'Escalante, dit Juan de Sevilla, bien qu'il soit né en 1627 à Grenade, où il mourut en 1695. La neuvième chapelle n'offre rien d'intéressant. Dans la dixième on voit un ancien Christ à la colonne en grande vénération, et plusieurs autres figures dont une colossale de sainte Lucie avec ses yeux sur un plat. La onzième chapelle est

---

1. Le sacristain le dit peint par Frank Floris ; il n'y a qu'une petite difficulté, c'est que cet artiste ne naquit à Anvers qu'en 1520.

consacrée à *Nuestra senora de la Antigua* ; on y voit un énorme retable d'un fort relief formant baldaquin au-dessus d'une antique madone, longue et mince figure coloriée qui a donné le nom à la chapelle. Cette image, qui remonte, dit-on, à l'époque des Goths, fut trouvée entre Avila et Ségovie, alors que l'armée chrétienne marchait sur Grenade, placée sur un char triomphal, et, après la conquête de la ville, déposée à l'Alhambra, en attendant l'achèvement de la chapelle qu'on lui destinait dans la cathédrale. Le retable est, dit-on, de Pedro Cornejo, auquel on doit les magnifiques stalles de Cordoue ; j'ai peine à le croire à cause de l'abus d'ornements parfois d'assez mauvais goût. Aux côtés de la chapelle, sont sur les murs deux grands portraits en pied de Ferdinand et Isabelle ; il est bien à regretter qu'ils aient tant poussé au noir, car ils sont très-intéressants, ayant été faits d'après nature par Antonio Rincon, peintre ordinaire de Leurs Majestés catholiques.

Après le transept septentrional, on trouve la chapelle de *Nuestra senora de la Guia*, qui contient de mauvaises peintures de Luiz Sanz Guimenez et un *saint Christophe* très-ridicule. Dans la chapelle de *Nuestra senora del Carmen*, on voit dans des châssis vitrés les bustes de saint Jean et de saint Paul ; le dernier, très-vivant, est dû au ciseau d'Alonso Cano. Après une porte, est la dernière chapelle, celle de *Nuestra senora del Pilar* ; sur son autel est un grand bas-relief, représentant la *Vierge del Pilar*, et dans le bas plusieurs saints, bonnes sculptures de Ramirez Pardo. A gauche, est une belle statue de saint Antoine de Padoue.

Enfin se présente la porte de la salle capitulaire surmontée d'un très-beau groupe de marbre, *la Charité*, sculpté par Pietro Torrigiani, l'habile artiste florentin, le rival de Michel-Ange ; il était venu à Grenade lorsque Charles-Quint y convoqua les plus célèbres artistes pour élever les tombeaux de la *capilla real*, et il sculpta le groupe de *la Charité* pour donner la mesure de son talent.

Près de cette porte, contre le mur de la façade, est un tableau de Bocanegra, représentant la *Mort du Christ* ; telle est la beauté de son coloris qu'il a été souvent attribué à Van-Dyck.

Le *sagrario* ou *parroquieta*, que nous avons déjà nommé, communique par son côté nord avec la cathédrale et à l'est ouvre sur la *capilla real ;* il occupe l'emplacement de la principale mosquée des Mores, qui avait été convertie en église sous le singulier vocable de *Santa-Maria de la O,* dont nous n'avons pu découvrir le sens ni l'origine. Cette annexe de la cathédrale, que fit construire le chapitre, fut terminée en 1759. C'est un grand édifice en forme de croix grecque avec coupole plate au centre, soutenue par quatre gros piliers auxquels sont adossées les statues des évangélistes. Le maître-autel isolé a un riche tabernacle de marbre de style *chirriguerresque,* bien que le reste de l'église soit d'une architecture plus sévère où domine l'ordre corinthien. Derrière l'autel est un bon tableau, *saint François adorant l'enfant Jésus,* par Atanasio Bocanegra.

Nous voici arrivés au terme de notre longue course à travers la ville des Mores et des rois catholiques ; un ancien proverbe espagnol dit : « Qui n'a pas vu Grenade, n'a rien vu. »

Quien no ha visto à Granada
No ha visto à nada.

Je me suis efforcé de vous faire voir quelque chose. Ai-je réussi

www.ingramcontent.com/pod-product-compliance
Lightning Source LLC
Chambersburg PA
CBHW051348050726
47595CB00006B/2457